Trevallars carambole: Intressanta bordsmönster

Från professionella mästerskapsturneringar

Testa dig mot professionella spelare

Allan P. Sand
PBIA Certifierad Biljardinstruktör

ISBN 978-1-62505-355-8
PRINT 7x10

ISBN 978-1-62505-519-4
PRINT 8.5x11

First edition

Published by Billiard Gods Productions.

Santa Clara, CA 95051

U.S.A.

For the latest information about books and videos, go to: http://www.billiardgods.com

Acknowledgements

Wei Chao created the software that was used to create these graphics.

Innehållsförteckning

Other books by the author …

       3 Cushion Billiards Championship Shots (a series)

       Carom Billiards: Some Riddles & Puzzles

       Carom Billiards: MORE Riddles & Puzzles

       Why Pool Hustlers Win

       Table Map Library

       Safety Toolbox

       Cue Ball Control Cheat Sheets

       Advanced Cue Ball Control Self-Testing Program

       Drills & Exercises for Pool & Pocket Billiards

       The Art of War versus The Art of Pool

       The Psychology of Losing – Tricks, Traps & Sharks

       The Art of Team Coaching

       The Art of Personal Competition

       The Art of Politics & Campaigning

       The Art of Marketing & Promotion

       Kitchen God's Guide for Single Guys

Introduktion

Detta är en av en serie Carom Biljardböcker som visar hur professionella spelare fattar beslut, baserat på bordslayouten. Alla dessa layouter är från internationella tävlingar.

Dessa layouter sätter dig inuti spelarens huvud, börjar med bollarnas positioner (visas i första tabellen). Den andra tabellen layout visar vad spelaren bestämde sig för att göra.

Om bordslayouten

Det här är de tre bollarna på bordet:

(A) (CB) (din biljardboll)

(•) (OB) (motståndare biljardboll)

● (OB) (röd biljardboll)

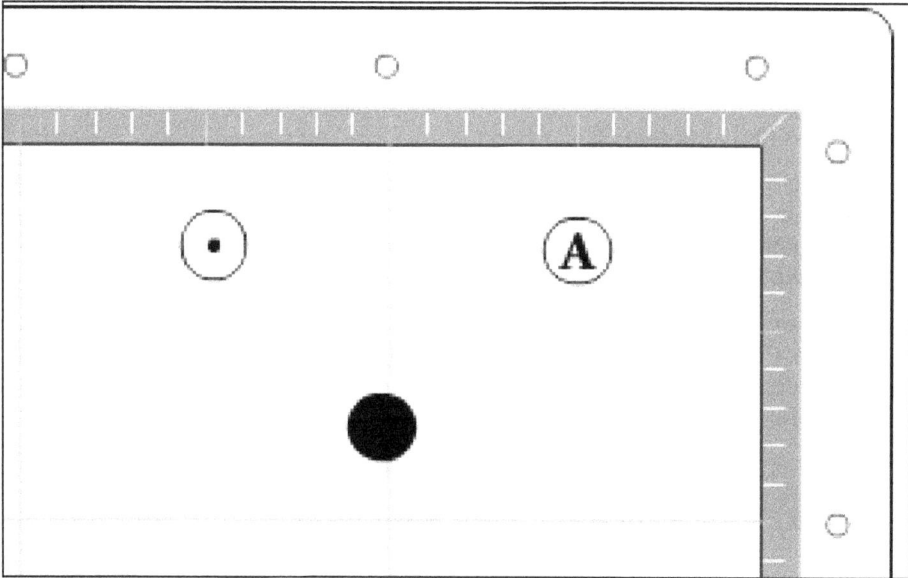

Varje konfiguration har två tabelllayouter. Den första tabellen är bollpositionerna. Den andra tabellen är hur bollarna rör sig på bordet.

Tabellinställningsanvisningar

Använd pappersbindningsringar för att markera kulans positioner (köp på vilken som helst kontorsleveransbutik).

Placera ett mynt vid varje bordsduk som (CB) kommer att röra.

Jämför din (CB) -väg med den andra tabellkonfigurationen. För att lära dig kan du behöva flera försök. Efter varje misslyckande, gör justering och försök igen tills du lyckas.

Syftet med layouterna

Dessa layouter finns för två ändamål.

*   Din analys - Hemma kan du överväga hur du spelar konfigurationen på den första tabellen. Jämför dina idéer med det faktiska mönstret på den andra tabellen. Tänk på din lösning och överväga alternativ. Från den andra tabellen kan du också analysera hur man följer mönstret. Mentalt spela skottet och bestämma hur du kan lyckas.

*   Öva bordkonfigurationen - Placera bollarna i position enligt den första tabellen konfigurationen. Försök att skjuta på samma sätt som det andra bordsmönstret. Du kan behöva många försök innan du hittar rätt sätt att spela. Så här kan du lära dig och spela dessa skott under tävlingar och turneringar.

Kombinationen av mental analys och praktisk praxis gör dig till en smartare spelare.

A: Vallar först

Dessa är intressanta konfigurationer. (CB) går först in i en vallar och avslutar sedan poängen med en ovanlig omständighet.

Ⓐ (CB) (din biljardboll) - ⊙ (OB) (motståndare biljardboll) - ⬤ (OB) (röd biljardboll)

A: Grupp 1

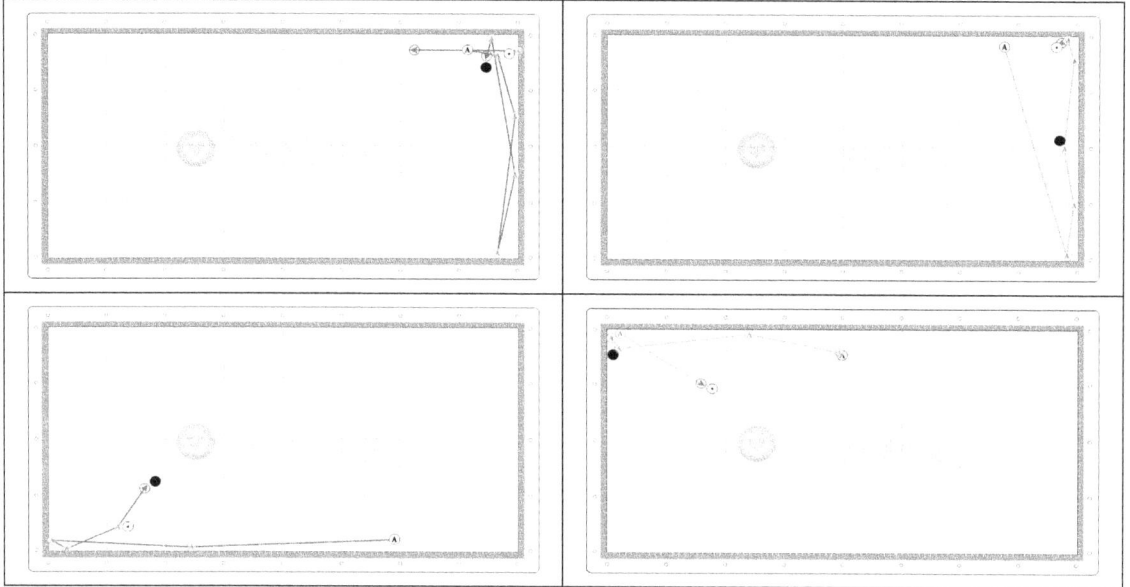

Analys:

A:1a. _____

A:1b. _____

A:1c. _____

A:1d. _____

A:1a – Inrätta

Anteckningar och idéer:

Skottmönster

A:1b – Inrätta

Anteckningar och idéer:

Skottmönster

A:1c – Inrätta

Anteckningar och idéer:

Skottmönster

A:1d – Inrätta

Anteckningar och idéer:

Skottmönster

A: Grupp 2

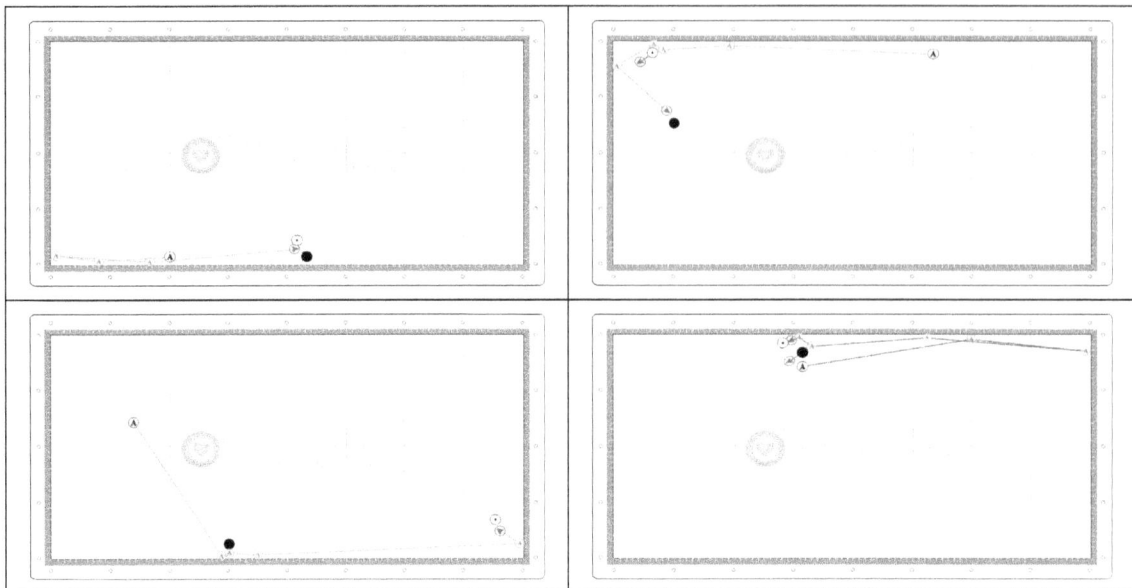

Analys:

A:2a. _____

A:2b. _____

A:2c. _____

A:2d. _____

A:2a – Inrätta

Anteckningar och idéer:

Skottmönster

A:2b – Inrätta

Anteckningar och idéer:

Skottmönster

A:2c – Inrätta

Anteckningar och idéer:

Skottmönster

A:2d – Inrätta

Anteckningar och idéer:

Skottmönster

A: Grupp 3

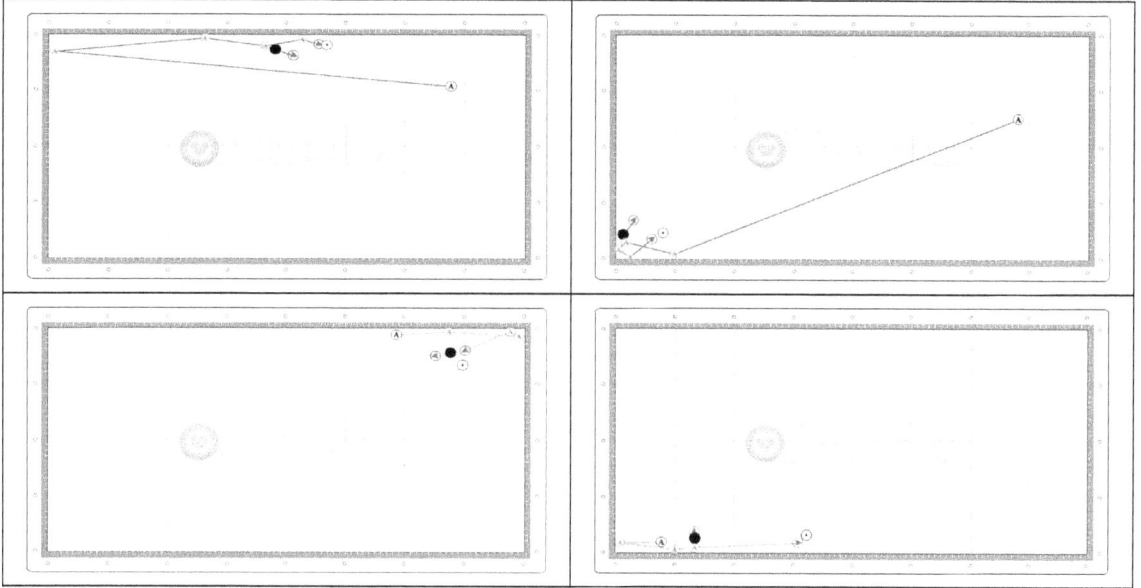

Analys:

A:3a. _____

A:3b. _____

A:3c. _____

A:3d. _____

A:3a – Inrätta

Anteckningar och idéer:

Skottmönster

A:3b – Inrätta

Anteckningar och idéer:

Skottmönster

A:3c – Inrätta

Anteckningar och idéer:

Skottmönster

A:3d – Inrätta

Anteckningar och idéer:

Skottmönster

A: Grupp 4

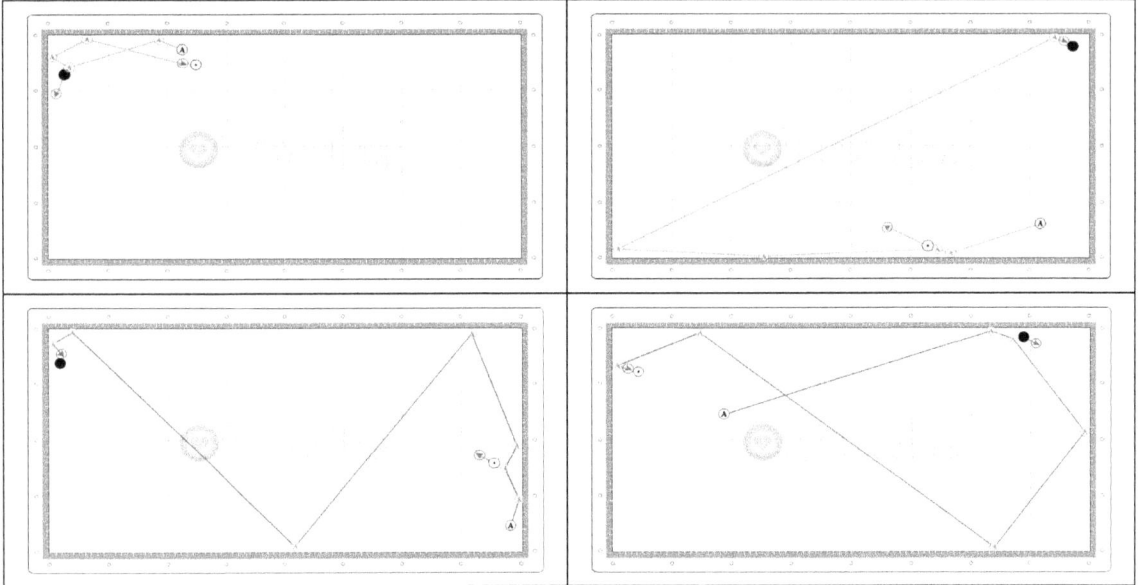

Analys:

A:4a. _____

A:4b. _____

A:4c. _____

A:4d. _____

A:4a – Inrätta

Anteckningar och idéer:

Skottmönster

A:4b – Inrätta

Anteckningar och idéer:

Skottmönster

A:4c – Inrätta

Anteckningar och idéer:

Skottmönster

A:4d – Inrätta

Anteckningar och idéer:

Skottmönster

B: Upp och ner på sidan

(CB) använder sidospinn för att göra alla vallar kontakter längs en vallar.

(A) (CB) (din biljardboll) - (•) (OB) (motståndare biljardboll) - ● (OB) (röd biljardboll)

B: Grupp 1

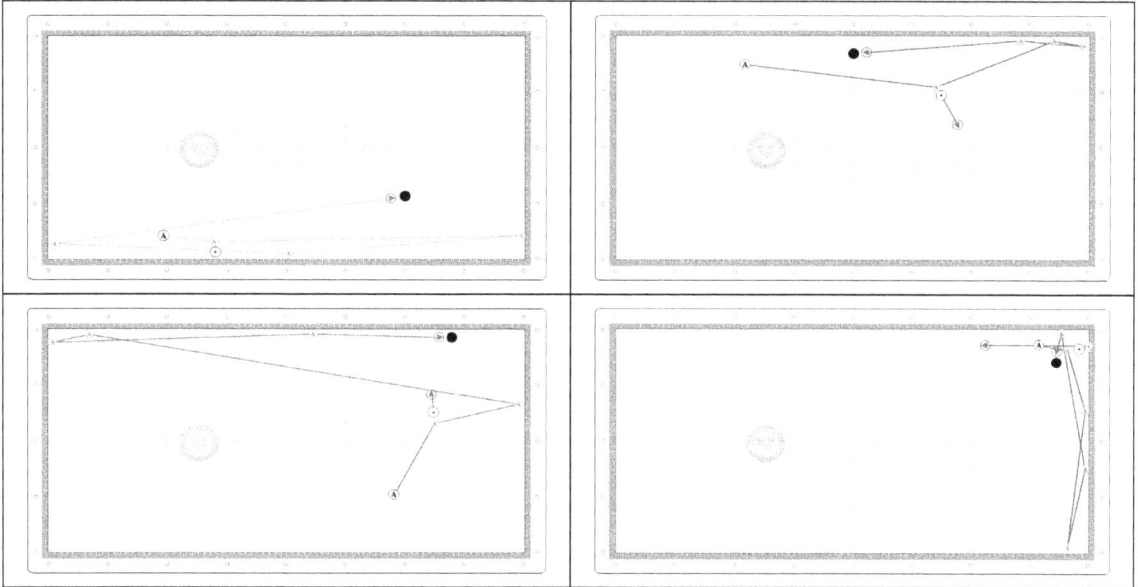

Analys:

B:1a. _____

B:1b. _____

B:1c. _____

B:1d. _____

B:1a – Inrätta

Anteckningar och idéer:

Skottmönster

B:1b – Inrätta

Anteckningar och idéer:

Skottmönster

B:1c – Inrätta

Anteckningar och idéer:

Skottmönster

B:1d – Inrätta

Anteckningar och idéer:

Skottmönster

B: Grupp 2

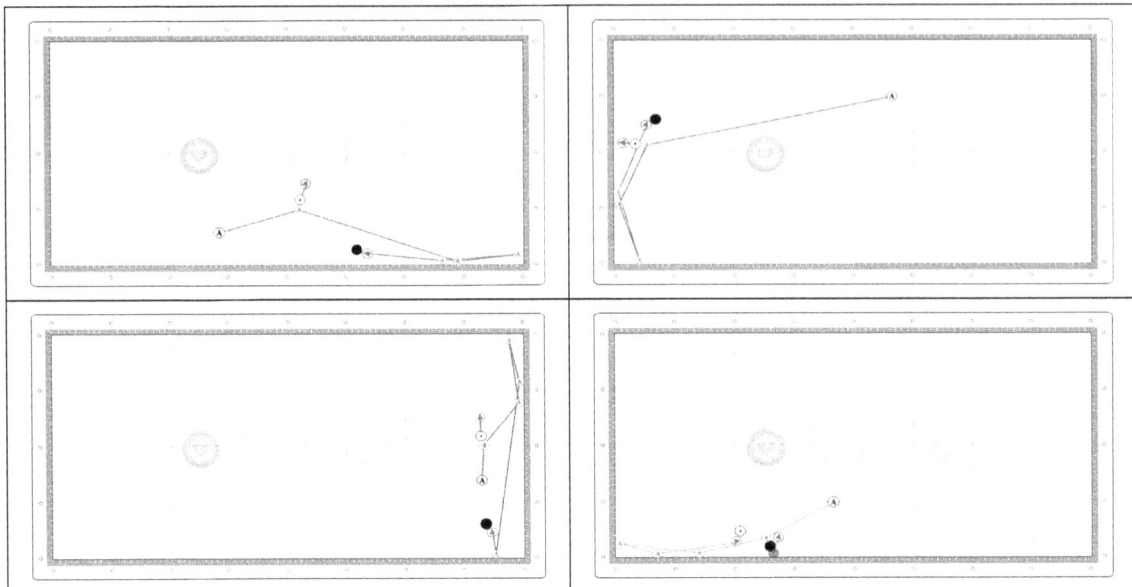

Analys:

A:1a. _____

A:1b. _____

A:1c. _____

A:1d. _____

B:2a – Inrätta

Anteckningar och idéer:

Skottmönster

B:2b – Inrätta

Anteckningar och idéer:

Skottmönster

B:2c – Inrätta

Anteckningar och idéer:

Skottmönster

B:2d – Inrätta

Anteckningar och idéer:

Skottmönster

B: Grupp 3

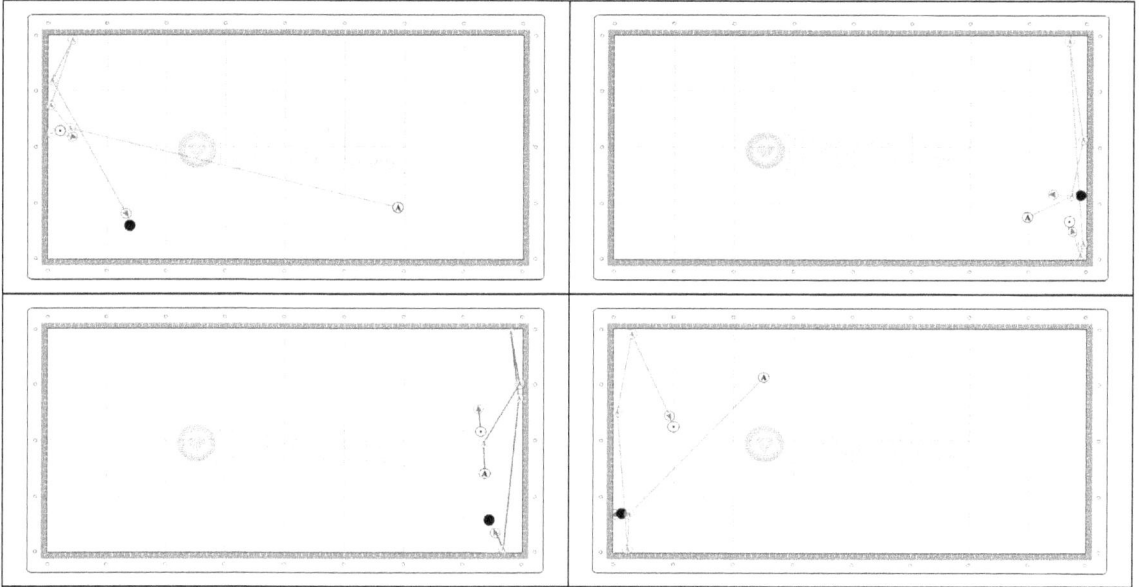

Analys:

B:3a. _____

B:3b. _____

B:3c. _____

B:3d. _____

B:3a – Inrätta

Anteckningar och idéer:

Skottmönster

B:3b – Inrätta

Anteckningar och idéer:

Skottmönster

B:3c – Inrätta

Anteckningar och idéer:

Skottmönster

B:3d – Inrätta

Anteckningar och idéer:

Skottmönster

B: Grupp 4

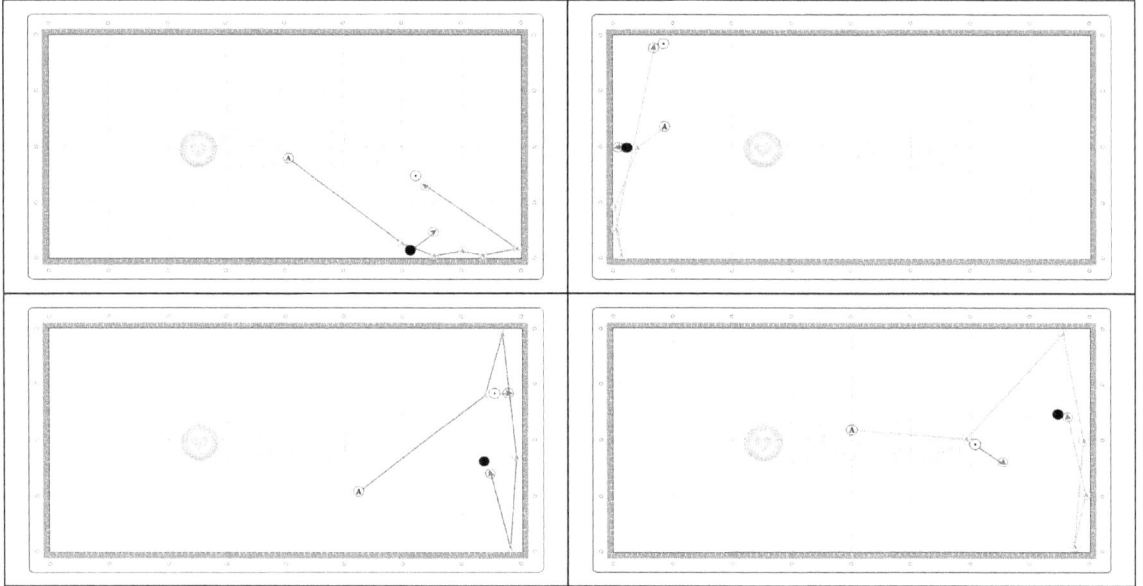

Analys:

B:4a. _____

B:4b. _____

B:4c. _____

B:4d. _____

B:4a – Inrätta

Anteckningar och idéer:

Skottmönster

B:4b – Inrätta

Anteckningar och idéer:

Skottmönster

B:4c – Inrätta

Anteckningar och idéer:

Skottmönster

B:4d – Inrätta

Anteckningar och idéer:

Skottmönster

C: Zigging och zagging

(CB) måste resa fram och tillbaka, sida vid sida, många gånger. Det här är mycket roligt att experimentera.

(A) (CB) (din biljardboll) - (·) (OB) (motståndare biljardboll) - ⬤ (OB) (röd biljardboll)

C: Grupp 1

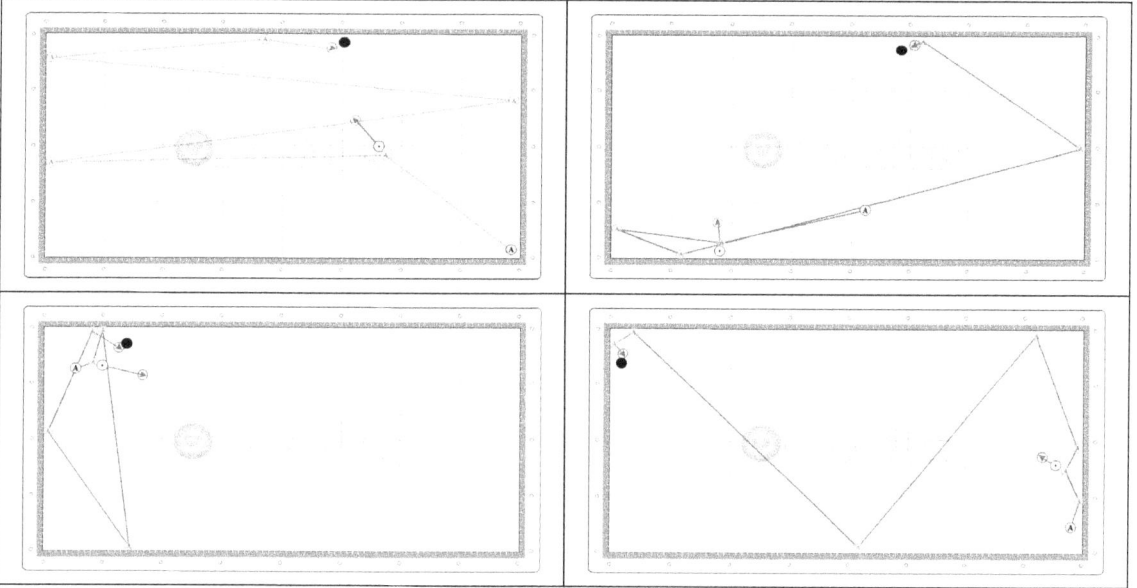

Analys:

C:1a. _____

C:1b. _____

C:1c. _____

C:1d. _____

C:1a – Inrätta

Anteckningar och idéer:

Skottmönster

C:1b – Inrätta

Anteckningar och idéer:

Skottmönster

C:1c – Inrätta

Anteckningar och idéer:

Skottmönster

C:1d – Inrätta

Anteckningar och idéer:

Skottmönster

C: Grupp 2

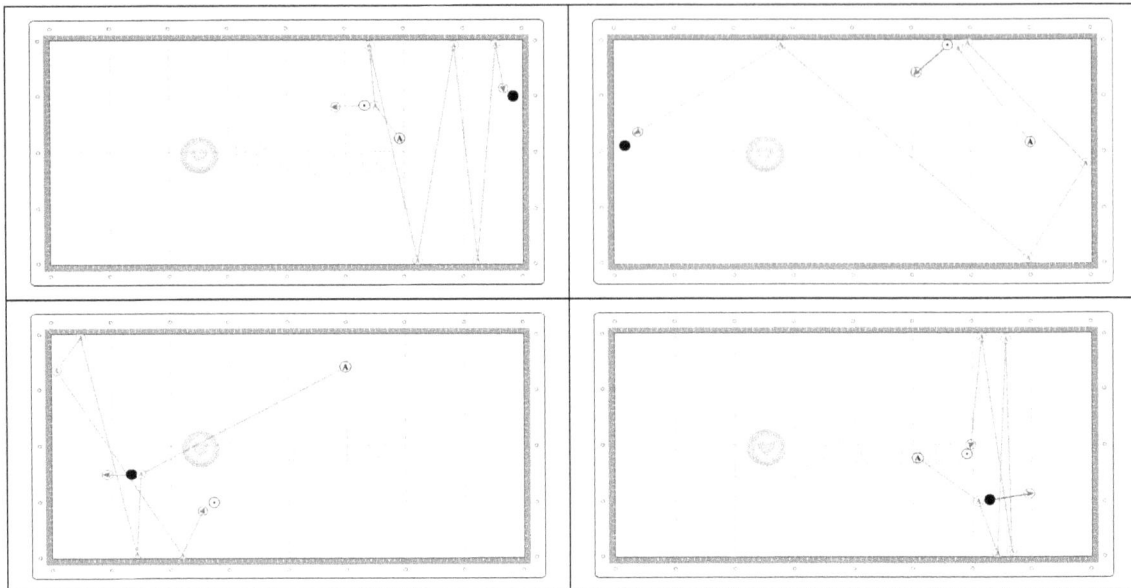

Analys:

C:2a. _____

C:2b. _____

C:2c. _____

C:2d. _____

C:2a – Inrätta

Anteckningar och idéer:

Skottmönster

C:2b – Inrätta

Anteckningar och idéer:

Skottmönster

C:2c – Inrätta

Anteckningar och idéer:

Skottmönster

C:2d – Inrätta

Anteckningar och idéer:

Skottmönster

D: Massor av extra vallar

(CB) reser runt många, många vallar.

Ⓐ (CB) (din biljardboll) - ⊙ (OB) (motståndare biljardboll) - ● (OB) (röd biljardboll)

D: Grupp 1

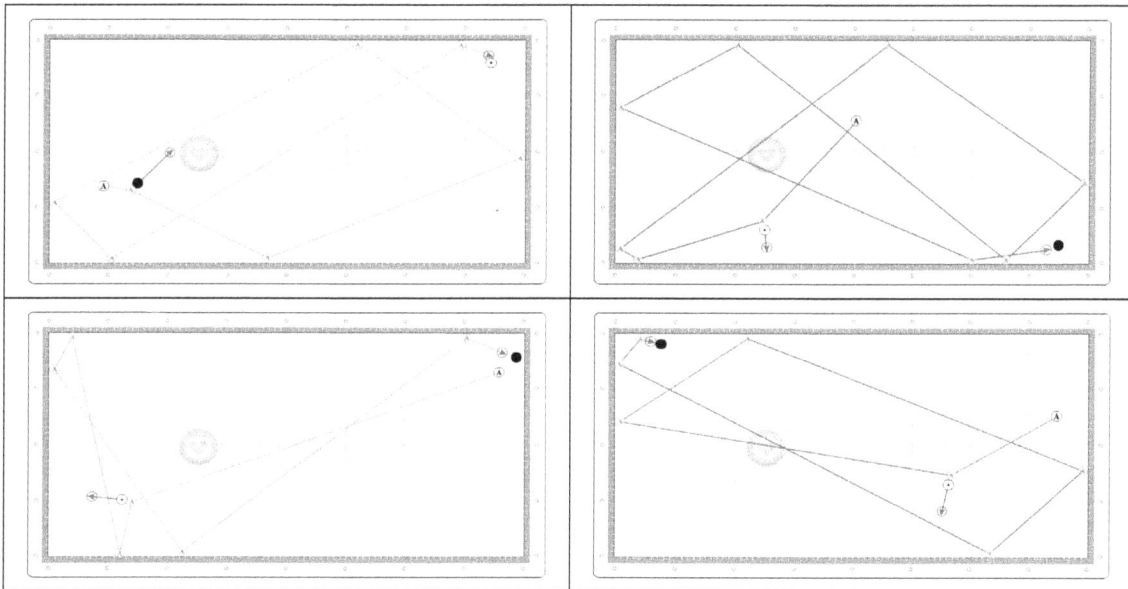

Analys:

D:1a. _____

D:1b. _____

D:1c. _____

D:1d. _____

D:1a – Inrätta

Anteckningar och idéer:

Skottmönster

D:1b – Inrätta

Anteckningar och idéer:

Skottmönster

D:1c – Inrätta

Anteckningar och idéer:

Skottmönster

D:1d – Inrätta

Anteckningar och idéer:

Skottmönster

D: Grupp 2

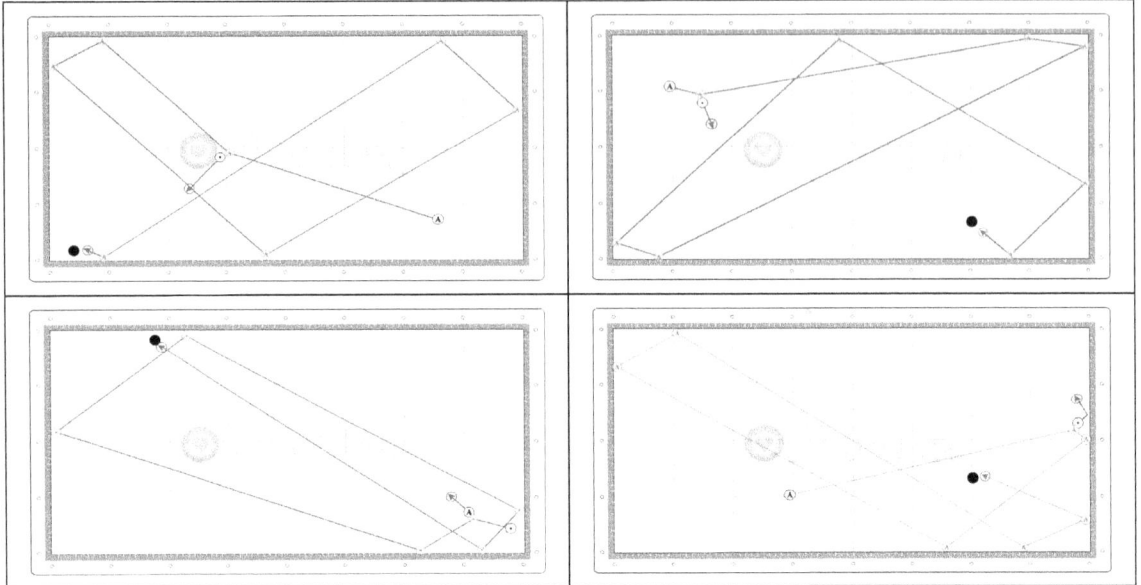

Analys:

D:2a. _____

D:2b. _____

D:2c. _____

D:2d. _____

D:2a – Inrätta

Anteckningar och idéer:

Skottmönster

D:2b – Inrätta

Anteckningar och idéer:

Skottmönster

D:2c – Inrätta

Anteckningar och idéer:

Skottmönster

D:2d – Inrätta

Anteckningar och idéer:

Skottmönster

D: Grupp 3

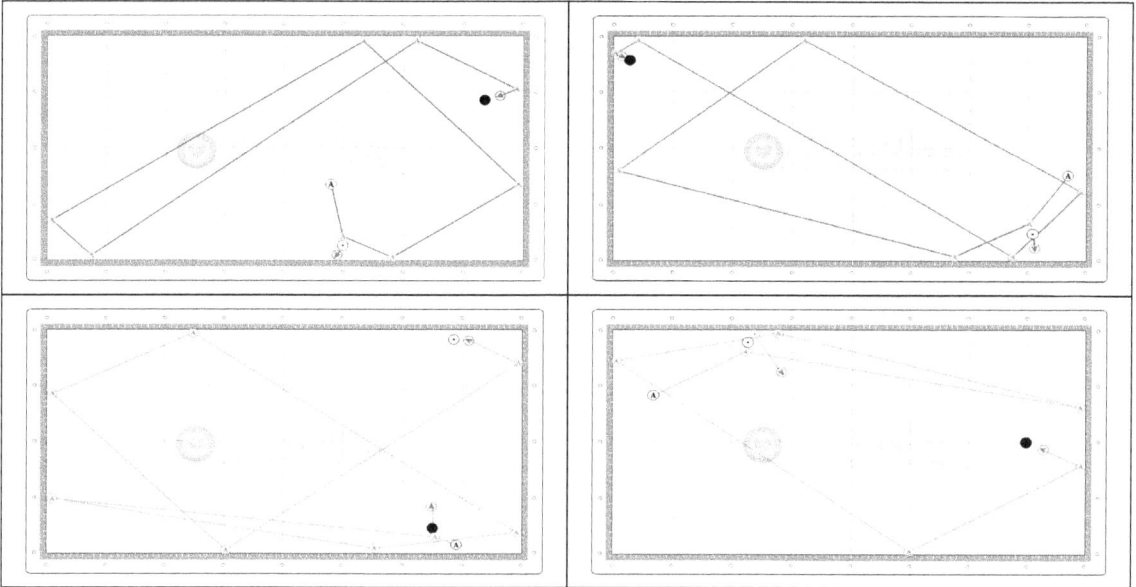

Analys:

D:3a. _____

D:3b. _____

D:3c. _____

D:3d. _____

D:3a – Inrätta

Anteckningar och idéer:

Skottmönster

D:3b – Inrätta

Anteckningar och idéer:

Skottmönster

D:3c – Inrätta

Anteckningar och idéer:

Skottmönster

D:3d – Inrätta

Anteckningar och idéer:

Skottmönster

D: Grupp 4

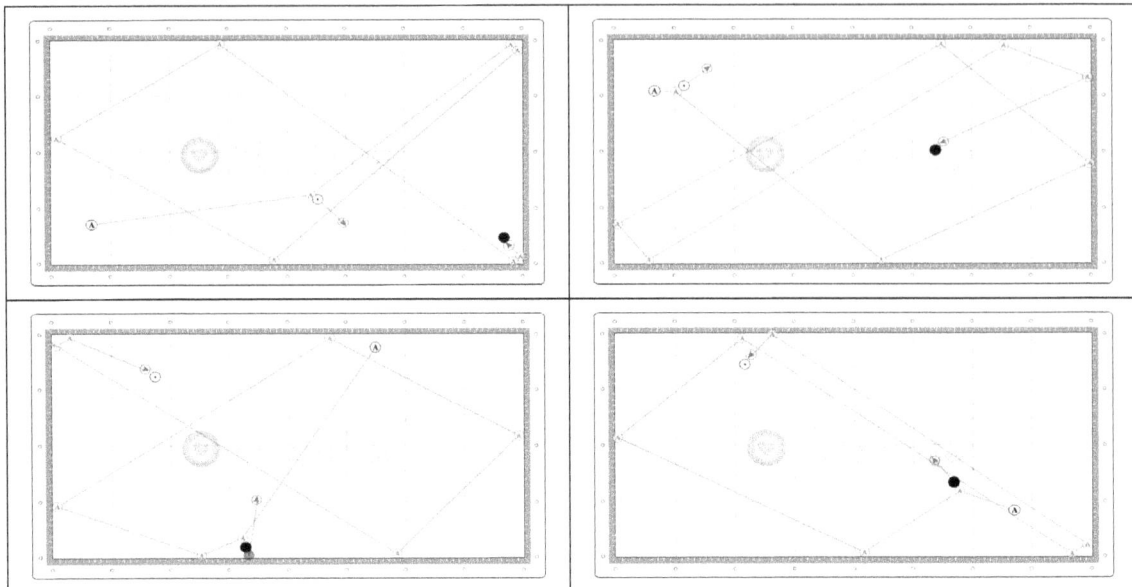

Analys:

D:4a. _____

D:4b. _____

D:4c. _____

D:4d. _____

D:4a – Inrätta

Anteckningar och idéer:

Skottmönster

D:4b – Inrätta

Anteckningar och idéer:

Skottmönster

D:4c – Inrätta

Anteckningar och idéer:

Skottmönster

D:4d – Inrätta

Anteckningar och idéer:

Skottmönster

E: Parallella vägar

(CB) går från ett hörn till ett annat hörn och tillbaka till det första hörnet. (CB) mönstret är på en parallell linje till mönstret som går in.

(A) (CB) (din biljardboll) - ⊙ (OB) (motståndare biljardboll) - ● (OB) (röd biljardboll)

E: Grupp 1

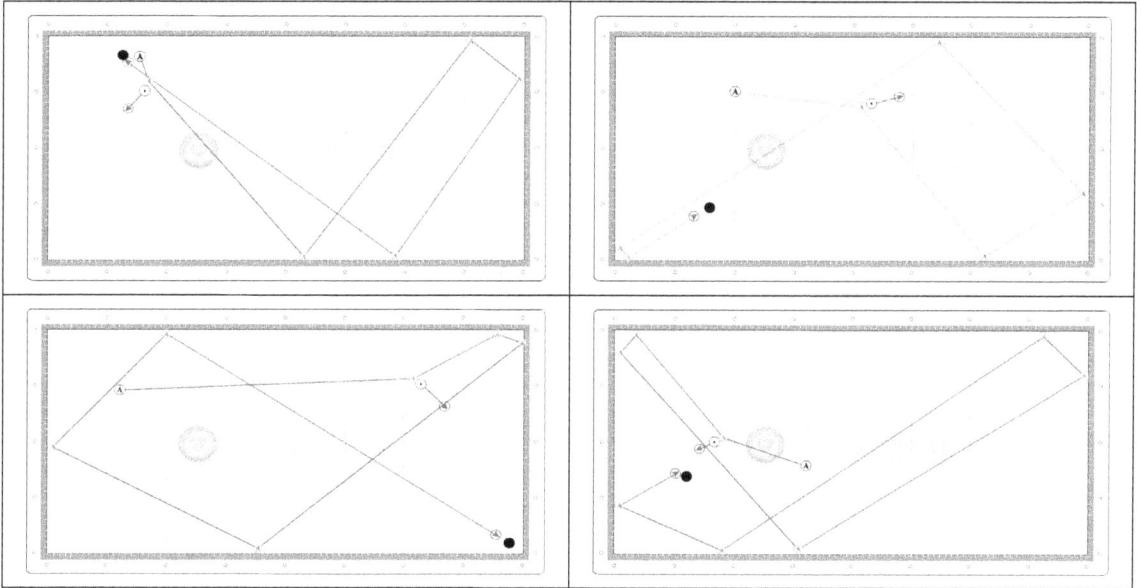

Analys:

E:1a. _____

E:1b. _____

E:1c. _____

E:1d. _____

E:1a – Inrätta

Anteckningar och idéer:

Skottmönster

E:1b – Inrätta

Anteckningar och idéer:

Skottmönster

E:1c – Inrätta

Anteckningar och idéer:

Skottmönster

E:1d – Inrätta

Anteckningar och idéer:

Skottmönster

E: Grupp 2

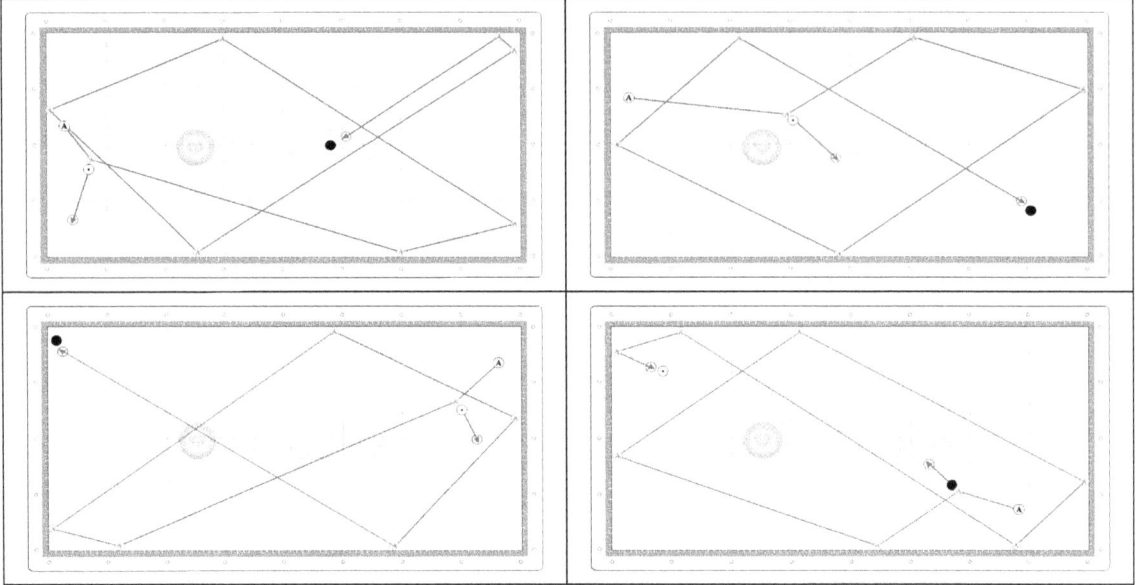

Analys:

E:2a. _____

E:2b. _____

E:2c. _____

E:2d. _____

E:2a – Inrätta

Anteckningar och idéer:

Skottmönster

E:2b – Inrätta

Anteckningar och idéer:

Skottmönster

E:2c – Inrätta

Anteckningar och idéer:

Skottmönster

E:2d – Inrätta

Anteckningar och idéer:

Skottmönster

F: Roligt och intressant

Dessa situationer visar den professionella spelarens starka fantasi. Men ibland är poängen helt enkelt en fråga om tur, när de möter en ovanlig konfiguration.

(A) (CB) (din biljardboll) - (•) (OB) (motståndare biljardboll) - ● (OB) (röd biljardboll)

F: Grupp 1

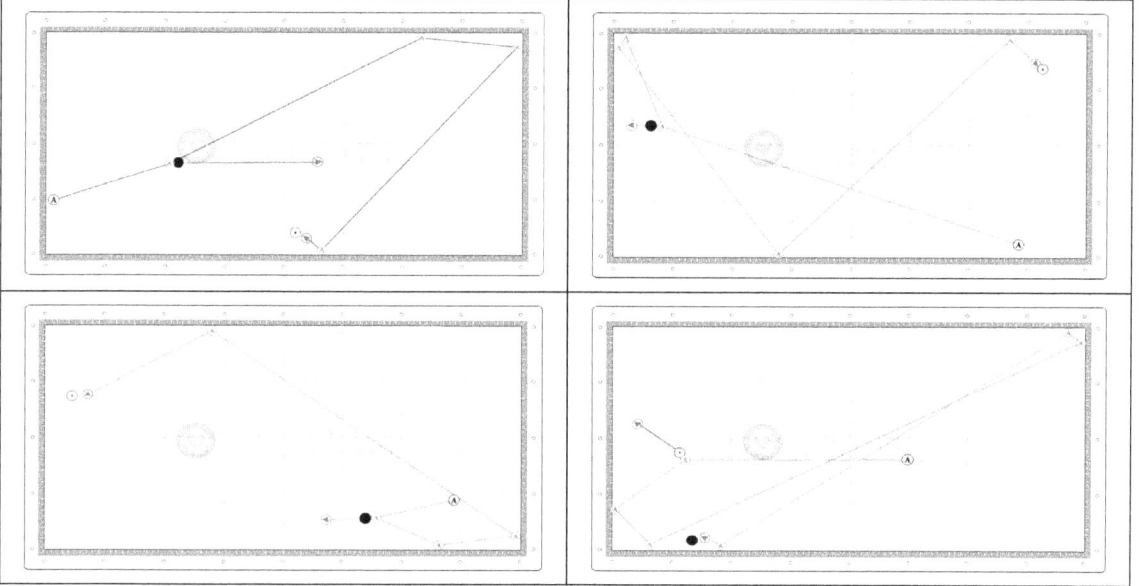

Analys:

F:1a. _____

F:1b. _____

F:1c. _____

F:1d. _____

F:1a – Inrätta

Anteckningar och idéer:

Skottmönster

F:1b – Inrätta

Anteckningar och idéer:

Skottmönster

F:1c – Inrätta

Anteckningar och idéer:

Skottmönster

F:1d – Inrätta

Anteckningar och idéer:

Skottmönster

F: Grupp 2

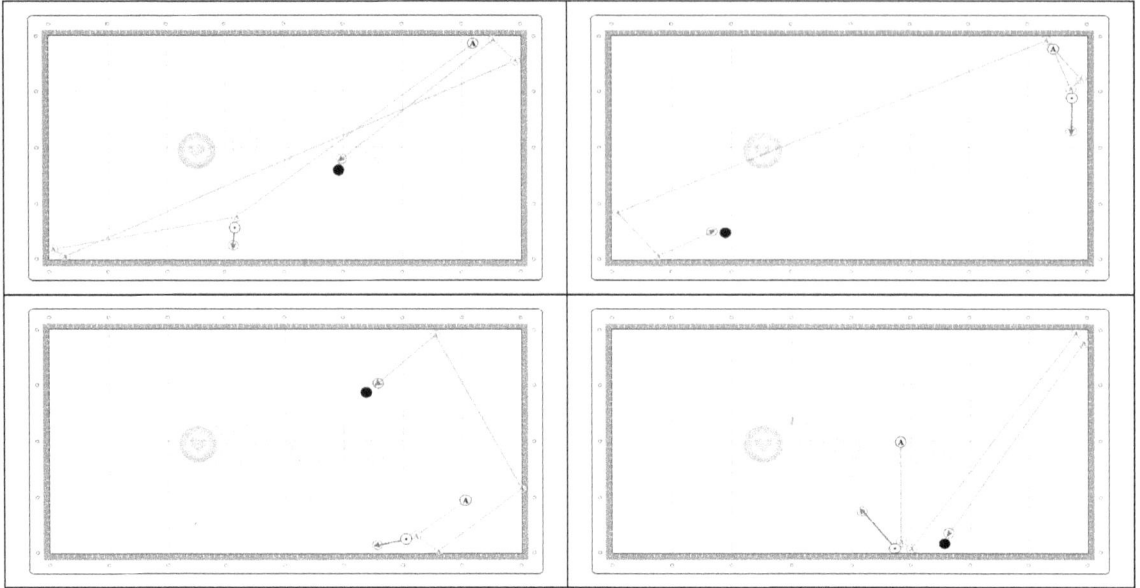

Analys:

F:2a. _____

F:2b. _____

F:2c. _____

F:2d. _____

F:2a – Inrätta

Anteckningar och idéer:

Skottmönster

F:2b – Inrätta

Anteckningar och idéer:

Skottmönster

F:2c – Inrätta

Anteckningar och idéer:

Skottmönster

F:2d – Inrätta

Anteckningar och idéer:

Skottmönster